Cosy Calm

Livro de colorir fofo e relaxante

Cherry Lam

Alt

Este livro pertence a

Antes de começar a colorir

Bem-vindo ao mundo calmo e aconchegante da Cherry!

Tudo o que você precisa para começar a desbravar a alegria de colorir é lápis, giz de cera ou canetinhas.

Este livro foi impresso em papel de boa qualidade, mas, por precaução, recomendamos colocar um pedaço de papel-cartão ou outro tipo de papel mais grosso atrás da página que você está colorindo. Isso vai proteger a página seguinte.

Esperamos que você goste da energia aconchegante, dos personagens fofos e dos cenários tranquilos.

Dentre os animais do livro, fique de olho em alguns que são bem australianos.

Divirta-se colorindo!

Página de teste de cor

MENU
DRINKS

CABINE DE FOTOS

ESPECIAL

menu.

Sorvete
R$4
R$4
R$8
R$6

Feliz
Anim

geleia de
Morango

MANTEIGA

Sobre a ilustradora

Cherry Lam é uma ilustradora de arte digital autodidata que começou suas contas de arte nas redes sociais durante a pandemia de Covid. Desenhando em seu laptop com tela touch, ela arrastou fãs ao redor do mundo por meio de suas ilustrações fofas, quadrinhos de seus personagens, produtos promocionais e seus vlogs mostrando os bastidores de tocar uma loja online de adesivos. As ilustrações de Cherry já estiveram em muitas feiras de arte locais em Brisbane, Melbourne e Sydney, na Austrália. Seus produtos, tais como as cartelas de adesivo, chaveiros, fitas decoradas e artes impressas, podem ser encontrados em diversas lojas nos Estados Unidos, Reino Unido, Singapura e Austrália. Com um livro de colorir, Cherry espera espalhar alegria com desenhos fofos e incentivar as pessoas a se juntarem à diversão da arte.

cherrys.illustrations e cherrys.art.gallery

cherrysillustrations

cherrysillustrations

cherrysillustrations.com

Primeira publicação pela Penguin Books em 2025. Esta edição foi publicada mediante acordo com a Penguin Random House Australia Pty Ltd via Patricia Natalia Seibel.

Título original: *Cosy Calm*

Editora responsável **Paula Drummond**
Editora de produção **Agatha Machado**
Assistentes editoriais **Giselle Brito e Mariana Gonçalves**
Diagramação e adaptação de capa **Ilustrarte Design**
Projeto gráfico **Adam Laszuck**
Design de capa original **Adam Laszuck © Penguin Random House Australia Pty Ltd**
Ilustrações **Cherry Lam**

Texto fixado conforme as regras do Acordo Ortográfico
da Língua Portuguesa (Decreto Legislativo nº 54, de 1995)

DADOS INTERNACIONAIS DE CATALOGAÇÃO NA PUBLICAÇÃO (CIP)

L213

Lam, Cherry
Cosy Calm: livro de colorir fofo e relaxante = Cosy Calm / Cherry Lam ;
Tradução: Paula Drummond - 1. ed. Rio de Janeiro : Alt, 2025.
96 p. : il. ; 23 cm.

ISBN 978-65-5226-07-72

1. Livro de colorir. 2. Bobbie Goods. 3. Livro relaxante. 4. Colorir. 5. Livro de colorir infantil. 6. Livro de colorir com folha grossa. 7. Artesanato. 8. Design Gráfico. I. Lam, Cherry. II. Cosy Calm: livro de colorir fofo e relaxante.

CDD: 740

Reinaldo Bruno Batista Alves - Bibliotecário - CRB 6649/2014

1º edição, 2025
Direitos de edição em língua portuguesa para o Brasil
adquiridos por Editora Globo S.A.
R. Marquês de Pombal, 25
20.230-240 – Rio de Janeiro – RJ – Brasil
www.globolivros.com.br

Este livro, composto nas fontes Torus e Sofia Pro, foi
impresso em papel Offset 150 g/m² na gráfica Santa Marta.
São Bernardo do Campo, Brasil, maio de 2025.